Brigitte Thurm • Mildernde Umstände

AF211080

Brigitte Thurm studierte Musik und Theaterwissenschaft, war danach einige Jahre als Verlagslektorin und Journalistin in Berlin tätig, promovierte und habilitierte über Theater und Film. Als Dozentin für Weltdramatik und Theatergeschichte an der Hochschule für Film und Fernsehen in Potsdam - Babelsberg veröffentlichte sie Kritiken und Essays zu Theater, Film, Fernsehen. Daneben erschienen von ihr bei Hinstorff die Novelle "Verena" und der Roman "Verlangen". Letzterer unter verändertem Titel auch bei Scherz und Bastei Lübbe. Ihre Gedichte trägt sie auf eigenen Veranstaltungen vor.

MILDERNDE UMSTÄNDE

Mündige Verse zum Tag, zur Zeit und zur Liebe

Mit einem Nachwort der Autorin.

BRIGITTE THURM

Impressum

Alle Rechte liegen beim Autor

Herstellung: Books on Demand GmbH

Autor: Brigitte Thurm

Gestaltung: Andreas Lenz

1. Auflage, 2001

ISBN 3 - 8311 - 1965 - 1

„Es ist keine Kunst, wenigen verständlich zu sein. Vielen verständlich zu sein, fordert Mut. Was nicht auch ein anderer sagen könnte, sollte man besser verschweigen."

Martin Walser

INHALT

SPEZIELL

POTENTIELL

SENSUELL (Liebe durch das Jahr)

(Und was sonst noch war)

KURZ UND SCHNELL

Nachwort

AKTUELL

ENDE DER UMFRAGE

"Was kann ein Buch noch den Menschen sagen?
Was jetzt ist oder gestern gewesen?
Was zu bejahn wäre, was zu beklagen?"
"Alles.
Nur - sie müßten es lesen."

"Und wie steht´s mit der Malerei?
Hilft sie vielleicht, die Umwelt zu achten?
Ist´s mit dem Aquarell schon vorbei?"
"Nein.
Bloß - die Leute müßten´s betrachten."

"Lohnt es sich, abends kein Video zu sehn
und wieder mal ins Theater zu gehn,
um sich an großen Gedanken zu messen?
Sind wir schon gegen Ideale immun?"
"Nein.
Doch man dürfte sie nicht gleich vergessen.
Man hat ja heute so viel zu tun!"

"Dann vielleicht - - ein kurzes Gedicht?"
"Nein! Bitte nicht!"

FEIERABEND
(Schulaufsatz)

Bei uns ist es abends friedlich.
Jeder macht es sich gemütlich.

Ric liegt mit Gameboy im Bett,
Paps surft im Internet.

Mam ist abends meist
virtuell verreist.
Hat ins Notebook eingetippt:
"Müll schon ausgekippt.
Muß auf Neptunringen landen.
Ketchup, Pommes vorhanden."

Chris guckt bei sich scharfe Clips.
Sie kaut jede Menge Chips.

Nur Kai, mit dem Walky im Ohr,
hockt auf dem Clo und brüllt: "Tor!"
Da muß Oma faxen,
von Hamburg bis Sachsen.

Wenn ich esse, ziehe ich
mir noch einen Krimi rein.
Dann mit Handy in die Falle.
So ab Elf erreich ich alle,
quatsch mich müde und penn ein.

Auch der Dümmste müßte sehn:
Prima, wie wir uns verstehn!

MILDERNDE UMSTÄNDE

Im Grunde hat er weiter nichts verbrochen,
der, frisch frisiert, da vorn mit Brustton spricht,
im neuen Maßanzug und routiniert
ins Publikum auf einen Fixpunkt stiert.
Denn er vergaß nur, was er uns versprochen.

Wird er jetzt immer unverbindlich blasser,
doch aufgeschwollener, von Wort zu Wort,
trägt ihn die eigene Phrase spürbar fort:
Der Mensch besteht zum größten Teil aus Wasser.
Besonders der.
         Weißt Du das nicht?

MAL EHRLICH!

Fragen eines lesenden Neufünfländers
(nicht nach Brecht)

Aufrichtigkeit führt zum Ziele,-
soviel scheint ausgemacht.
Neuerdings "outen" sich Viele.
Wer hätte das gedacht!

Öffentlich fragt sich Herr Schmidt:
Machst du das Übliche mit
oder wirst du Transvestit?

Zehmisch, bekennender Atheist,
hielt sich verdeckt zu den Andern.
Denn er outet sich plötzlich als Christ.
Wollte er - unterwandern?

Regisseur Storz gibt bekannt:
Er lebte früher im Widerstand.
Stachlig und unbequem
löckte er meist gegen das System.
Hielt aber unterm Scheffel sein Licht.
Darum bemerkte man´s nicht.

Eins ist jedenfalls klar:
Keiner schien, der er war,
niemand ist, was er schien.
Und das mit Selbstdisziplin.

Oft frage ich mich erschrocken beim Lesen:
Wer bist eigentlich du gewesen?

Stimmte ich damals mit mir überein,-
wo ich jetzt anders bin?
Ist mein Charakter schon ganz erloschen?
Oder fällt bei mir langsam der Groschen?
Und wenn,- wo fällt er hin?
Habe ich denn vorher nur gelogen?
Hab ich mich vielleicht selbst betrogen?

War ja damals nicht alles ganz schlecht:
Arbeit und Frauen und Hort...
Jetzt sind die erstmal fort.

Aber der Marx hat nicht recht!
Wirklich erstarkt
sind wir nur durch den Markt.
Selbst auf der grünen Wiese:
Riesenangebot. Vonwegen Krise!

Also sage ich mir:
Der Fehler liegt bei dir.

Am Tage X schon geschasst,
hast du den Anschluß verpaßt.
Weil deine neuen Chefs dir nicht trauten.

Und jetzt begreif ich endlich, warum:
Weil ich versäumt habe, mich zu outen.
Dumm!

"WER IS SHAEKESPEARE?"

"Na, der zwei Clans in Mexiko
zum Konkurrenzkampf zwingt
und Leonardo Caprio als Romea und Julio
dabei zur Strecke bringt."
     "Ach, der!"

"Der tritt ooch uff in Musicals,
'Shakespeare and Rocken Roll',
in Horror - Picture - Grusicals:
'Richy, the Killer",- doll!"
     "Oh, Mann!"

"Als Ham im drögen Dänemark -
ein Typ, der keinem traut -
verzapft er erst mal irren Quark,
eh er dazwischenhaut."
     "Na, cool!"

"Und wenn ick nich mehr weiter weiß,
mit Arbeit oder anderm Scheiß,
muß olle Willi her.
Der liefert echten Cyperspeis
mit Monstern an, zum Kinopreis.
In Afrika liecht bei dem Eis,
und Prag, det is am Meer!"
     "Geil!"

EVOLUTION

Der Fortschritt geht ab jetzt auf Riesenstelzen.
Wo er vorbeikommt, bleibt dafür: ein Loch.
Die Wälder fallen, und die Pole schmelzen,
damit´s uns besser geht. Das lohnt sich doch!

    Wisch dir den Mund nach den Hormonen
    im leckren Putenfleisch
    und den immergrünen Bohnen,
    geniert und butterweich!

Sind erst New York und Istanbul versunken,
muß niemand sich durch Straßenschluchten quälen,
Bangkok und Amsterdam im Meer ertrunken,
dann nisten dort die Stärksten schon auf Pfählen.

    Doch die Medien übertreiben!
    Rechne unterm Strich:
    Jemand muß ja übrigbleiben.
    Das bin ich.

Dreihundert Arten jeden Tag verschwunden,
die Steppenglut nicht überdauern läßt?
Durch Lärm und Gift die Paarung unterbunden?
Keep silence, kein Problem: Man klont den Rest.

Glotz nicht nach oben und stier nicht so weit.
Diesmal wird´s noch gehn!
Heute ist heute, und morgen hat Zeit.
Du wirst überstehn.

Dein Nachfahr hat sechs Beine, sieh das ein,
sein Quetschkopf einen Panzer aus Chitin.
Der schützt ihn vor den Gasen, die dann ziehn.

Er muß ja nicht ein homo sapiens sein!

KRIMINELL

KINDERLIED

ABC
Ich hab ein Portmonee.
Das trug ein Onkel auf der Haut,
und trotzdem hab ich's ihm geklaut.
ABC
Das schöne Portmonee!

DEF
Dort schleicht ein altes Reff.
Das paßt nicht mehr auf diese Welt,
drum wird ihm gleich ein Bein gestellt.
DEF
Schon liegt das alte Reff!

GHI
Wo bleibt mein Ecstasy?
Weil es für uns nichts Bessres gab,
zerdroschen wir ein altes Grab.
GHI
Her mit dem Ecstasy!

JKL
Sonst ärgern wir uns schnell,
und wenn der Lehrer ruft: "Kommt rein!",
dann stechen wir ihn ab, das Schwein.
JKL
Das geht bei uns sehr schnell!

MNO

Der Spielplatz ödet so.

Wir surfen auf dem ICE.

Wer abstürzt, dem tut nichts mehr weh.

MNO

Das macht uns Kinder froh!

XYZ

Jetzt geht es brav ins Bett.

Da kann man Raub und Totschlag sehn,

die über alle Sender gehn.

Wir wollen bis zum Morgen ruhn

und werden dann dasselbe tun.

XYZ

NACHRUF

Er machte jede Mode mit:
das lange Haar, den kurzen Schnitt.

Er las die Bücher, die im Trend,
von Marx zum Neuen Testament
und gab dazu den Kommentar,
der morgens in der Zeitung war.

Und als der Staat zusammenkrachte,
von welchem er sich viel genommen,
da zuckte er die Achseln, lachte.
War er doch heil davongekommen.
Nicht einen Augenblick verlegen,
fand er: "Ich war ja stets dagegen!"

Der sich vorher recht kumpelhaft
im Anorak gegeben hatte,
lief jetzt im Anzug, mit Krawatte.
Das Duzen wurde abgeschafft.
Er dachte: Öl schwimmt obenauf
und war geschmiert für jeden Lauf.

Auch neulich war er dicht am Ball.
Da gab es einen Zwischenfall:
Er "leaste" einen schnellen Wagen
und hat sich damit überschlagen.

So blieb er diesmal in der Mode
der massenhaften Unfalltode.

RATGEBER

Heutzutage muß dich nichts mehr schrecken
und kein Unglück in dir Ängste wecken.
Ob dein Flugzeug abstürzt, du die Schecks verlierst,
dir beim Skilauf alle Knochen knickst,
deinem Freund das Brillenglas zerdrückst,
seiner Frau das beste Kleid ruinierst
oder was man sonst noch alles tut:
Sei es drum! Die Katastrophe trügt,
denn du bist versichert. Das genügt!

Keine falsche Hemmung, halt dich ran!
Dafür gibt´s was. Darum zeige Mut!
Jeder darf so reich sein, wie kann.

Schaffst du nur die untere Schadensklasse,
merke dir: da macht es stets die Masse.
Doch geprüft am Unfallstufenmesser
gilt nur eins: je schlimmer, desto besser!
Drehst du ab, vergiß nie: Bargeld lacht!
Du hast dir dabei ja was gedacht.

Wäre es nicht Irrsinn, zu riskieren,
daß die nur dein gutes Geld kassieren?

Liegst du schließlich tot im eignen Blut,
gibt der Kundentrick am meisten her.
Keine Angst: Du merkst es ja nicht mehr!
"Ende gut", sagt Shakespeare, "alles gut."

HOHES GREMIUM

Viele Stunden sind verstrichen.
Hinter der umwölkten Stirn
dreht sich, fruchtlos, das Gehirn.
Niemand kam zum Wesentlichen.

Keiner kam in den Geruch
eines Hauchs von Widerspruch.
Jede Tröstung vor der Klage.
Jede Antwort vor der Frage.

Einerseits, obschon, obzwar...
Andererseits ist alles klar:
Willst du selber deine Ruh,
füge Andern auch nichts zu.

Runde Schultern hängen matt.
Alles breitgetreten, platt,
abgeschliffen und bequem.
Alles- leider- kein Problem.

Bleibt die Frage noch zum Schluß,
die sich Jeder stellen muß:
Da sich niemand rühren kann,-
warum strengt das bloß so an?

INFIZIERT

Chaos im Londoner Unterhaus,
durch den Klick einer Maus!

Aus dem dänischen Parlament wird berichtet:
Ein fremder Seicher im Speicher
habe alle Dateien vernichtet.

Ganz New York alarmiert:
durch unerklärlichen Festplattenwandel
Stürze im Aktienhandel!

Die Werft in Kiel - ohne Auftragskartei.
Alle PCs der Kanzlerkanzlei
buchen das falsche Ziel.

Was steckt dahinter? Wer zieht da die Strippen?
Irgendein Eierkopf? Ein ganz Stiller,
so wie ich? Und was will er?
Die erste Welt kippen?

"Bullrich", nennt mich mein Chef, seit Jahren,
wenn er, im weißen Kittel,
durch unser Großraumbüro flaniert.
Als wäre ich ein Verdauungsmittel.

Ich heiße Ullrich.
Aber wir werden ja doch fusioniert.
Dann kann mich wenigstens das nicht mehr jucken.
Nach mir wird so oder so keine gucken.

Nur: MELISSA, I LOVE YOU, on MOTHERS DAY!*
Das bischen Englisch hätt ich auch gebracht!

Warum, eigentlich,
        hab *ich* das nicht gemacht?!

Wenn ich, per E-mail, die Macht ergreife,
wird keine sagen, ich wär eine Pfeife.

Leute, die sowas bringen,
stehen über den Dingen.

Immerhin besser als mit dem Messer
oder im Jemen Geiseln zu nehmen.

Ziel meines ersten Betreffs: Alle Chefs
werden rückwirkend durch mich entmündigt
und - ohne Abfindung - fristlos gekündigt.

Mein zweiter Klick für die Politik:
Alle Staatsmänner, die jetzt regieren,
sofort von ihrem Amt suspendieren!
Ausnahmen unter einer Bedingung:
Geschlossene Unterbringung.

Nur - dahin kann es jetzt nicht mehr kommen.
Mir hat der Kerl ja die Show genommen.

*Weltbekannte Computerviren 1999/2000

BERÜHMTHEIT

           ist ein Resultat
von Können. Hin und wieder.
Nicht unbedingt von Sittlichkeit.
So brannte in antiker Zeit
der eitle Spinner Herostrat
den schönsten Tempel nieder
und - ging in die Geschichte ein.

Das spricht nicht gegen ihn allein.
Es spricht auch gegen die Chronisten.
Die führten ihn in ihren Listen.

Der Kerl war schließlich Psychopath.

SAFETY FIRST!

Meyer hielt nie was von Trieb und Ahnung,
war er doch ein Freund exakter Planung.
Und bereits in früher Jugendzeit
hieß sein Grundbedürfnis: Sicherheit.

Grade in den finanziellen Dingen
wollte Meyer es zu etwas bringen.
Streng und geizig legt er Mark auf Mark.
Safety first! Nur, wer besitzt, ist stark.

Plötzlich aber kam es umgekehrt:
Meyers Geld war nur die Hälfte wert.
Daß ihn sowas nie mehr treffen kann,
schaffte er sich Grund und Boden an.

Doch das Schicksal macht es ihm nicht leicht.
Seine Pfründe war - asbestverseucht.
Auch der nächste Trumpf blieb ohne Sinn,
denn auch diesmal saß der Teufel drin.

Meyer mengte sich in Börsensachen,
um auf diese Art sein Glück zu machen,
kaufte Aktien: CRUX, TIC, MOCINTESH...
Ausgerechnet danach kam der Crash.

Schließlich hat er sich ein Grab bestellt,
eh das nächste Mal das Geld verfällt.
Und da klappte es: Kaum war´s erworben,
ist er eine Woche drauf gestorben.

MODERN TIMES

Hör auf den harten Rock
und sieh das bunte Wahnsinnshaar
im aufgerissnen Luxuscar -
mit soviel Blut daneben!

Sieh da den Mann im Schock:
mit Vierzig ist er matt und krumm.
Die Zeit warf seine Pläne um.
Er hat sich aufgegeben.

Schau, dort der Greis am Stock,-
er kommt direkt vom Krankenhaus.
Man blies ihm fast die Lampe aus.
Der hat ein Ziel: zu leben!

BARBAREN

Wie reich war man am Bosporus
und an den Dardanellen!
Dort gab es Herden, grünes Land
und tausend frische Quellen.
Und freie Fahrt zum Schwarzen Meer,
wo Milch und Honig flossen.
Am Berge Ida, wie bekannt,
da wurde Erz gegossen.
Dort lebten die Barbaren.
Trojaner hießen sie.
Ja, brauchten das denn die?

Barbaren sind oft unbeherrscht
und haben starke Triebe.
Prinz Paris war von diesem Schlag.
Der stand total auf Liebe.
Er hat bei Nebel und bei Nacht,
in lockrem Zeitvertreib,
sich mit dem Schiff davongemacht
zu einem Griechenweib.
Da freuten sich die Griechen
und rüsteten ein Heer.
Ja, durfte das denn der?

Helene hat sich nicht geziert.
Sie wurden schnell ein Paar,
weil ihr der Lebensstil daheim
viel zu spartanisch war.

Er nahm das Weib in einem Ritt
-es war so heiß und willig-
und dazu gleich die Kasse mit.
So blieb die Reise billig.
Dann fuhr er mit Helene
durchs weite Mittelmeer.
Die Griechen hinterher.

Sie landeten mit Dolch und Axt
und schrien: "Barbarenbande!"
Sie spießten alle Knaben auf
und brüllten: "Rassenschande!"
Sie schlugen tot, was sich bewegt.
Zehn Jahre ging das Morden.
Und Schlächter, die das überlebt,
bekamen einen Orden.
Das Abendland muß siegen!
Selbst, wenn nichts übrigblieb:
Jetzt ging es ums Prinzip!

Die Frauen wurden eingeschifft:
Frischfleisch für Griechenland.
Was nicht zerstört und hingemacht,
das setzte man in Brand.
Aus rauchverätzter Kehle
ein letzter Jubelschrei:
"Troja barbarenfrei!"

Alt, krank und ausgezehrt bestieg
die reduzierte Rotte

zuletzt - mit etwas Beutekram -
am Strand die morsche Flotte.

Sie kamen irgendwann zurück.
Gespenst von einem Heer.

Man kannte sie nicht mehr.

MENETEKEL

Nur Asche fiel. Noch war es nicht so weit.
Herculaneum starb in Schlammlawinen.
Pompeji wartete. Es nahm sich Zeit.
Es hatte Interessen zu bedienen.

Die Börse ruhig, die Geschäfte gingen,
in Thermen und Bordellen, auf den Gassen.
Riskanter Wohlstand würde keinen zwingen,
die Stadt für sichre Armut zu verlassen.

Da fiel der Bimsstein, glühende Lapillen,
erst klein und spitz, dann viele Kilo schwer,
auf Sklavenmärkte, Tempel, Luxusvillen.
Jetzt wurde ihnen klar: Es geht nicht mehr.

Wer flüchten konnte, mit Tresor und Schrein,
wer nicht an Toren kraftlos hingeknickt,
den holten rasch die Schwefeldämpfe ein.

So fand man sie - begraben zwischen Wänden,
verzerrt und aufgebäumt, von Gift erstickt-
die Perlen und das Gold noch in den Händen.

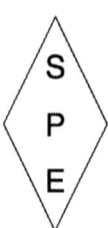

SPEZIELL

KENNST DU DAS AUCH?

Ein bleicher Mond hängt über dürren Asten.
Im Lampenschein friert ein metallenes Tor.
Der Eishauch zieht sich, irgendwie von Westen,
schon übern Zeh, durchs Bein, ins Herz empor.

Ob Herbst, ob Winter ist da kaum die Frage,
ob zwei Grad minus weniger oder mehr.
Und wohl auch nicht, ob Nächte oder Tage.
Die Weltraumkälte kommt von innen her.

VORSÄTZE

Kurz nach elf ist er ins Bett gegangen,
uneins mit der Welt. Das heißt: mit sich.
Weil die Tage neuerdings nicht langen.
Wie war das nur früher? - Fürchterlich!
        Zwölfmal schlägt es vom Turm,
        und sein Herz hämmert Sturm.

Wieder, denkt er, meine alten Schwächen:
putsche mich am Abend auf statt ab.
Hab genau gewußt, das wird sich rächen.
Irgendwann bringt mich das noch ins Grab.
        Zuviel Kaffee geschluckt
        und zu lang ferngeguckt.

Fiebernd überprüft er alle Posten,
sorgsam im Kalender aufgebaut,
Tage, Stunden, die ihn Leben kosten.
Angstschweiß bricht ihm plötzlich aus der Haut:
        Ein vergeßner Termin!
        Und die Nacht ist jetzt hin.

Zwischen zwei und drei muß er erkennen,
ganz zerwühlt und wieder voll erwacht:
Ich kann Kleines nicht vom Großen trennen.
Das allein hat mich verrückt gemacht.
        Und er dreht sich zur Wand.
        Jeder Nerv ist gespannt.

"Klar," stöhnt er,"ich werd mich ändern müssen.
Dieser Raubbau hat gar keinen Sinn.
Heute, morgen, bald...,"ächzt er ins Kissen.
"Aber dieses Mal krieg ich´s noch hin!"
        Im Depot nebenan
        rattert schon eine Bahn.

Als die ersten Tauben draußen gurren,
schläft er endlich tief und liegt gelöst,
träumt von Katzen, die ihn weich umschnurren,
während er auf einer Wiese döst.
        Diesmal schreckt er empor
        durch den Wecker am Ohr.

NEUE WOHNUNG

Imposante Mauerdurchbrüche.
(Was mit dem Schrank,
wohin mit der Liege?
Ob ich die überhaupt unterkriege?)

Amerikanische Küche.
(Hausfrau bleibt in Gespräch integriert,
während Besucher auf Abwaschnapf stiert.)

Schneeweiße Wände.
(Wie lange?
Achte gefälligst auf deine Hände.
Lerne sie strikt zum Lichtschalter führen.
Irgendwann wirst du dich disziplinieren.)
Keine Bange!

Und das korngelbe Parkett,
wie adrett!
(Nur in Strümpfen begehbar,
sonst ist der Schaden absehbar.)

Machst du dann wirklich mal
einen Fleck,
warte nicht, wisch ihn sofort weg!

Sei von früh bis spät fotogen!
Vor deinen Schaufensterscheiben
kann jederzeit Einer stehenbleiben
und ALLES VON DIR SEHN!

EIN FREMDER FRAGT EIN ÄLTERES EHEPAAR
(Einmannstück mit drei Personen)

- "Wenn ich störe, tut mir leid.

Wissen Sie vielleicht Bescheid:

Braumannstraße, hundertzehn.

Wo lang muß ich denn da gehn?"

"Braumann heeßt die? Kenn ick nich.

Lene, - du? Da irrn Se sich."

- "Braumann? Nee, wo soll´n det sein?"

- "Hinterm Ebertplatz rechts rein."

- "Ebert? Det is lange her."

- "Ebert? Nee, den jib´s nich mehr."

- "Lene, doch. Den jibt et schon.

Der heeßt heute Mendelssohn."

- "Ehemals Marie Kurieh,

wie ick mir erinnern kann.

Oder war´t ´n andrer Mann...?

Nur, den merke ick mir nie."

- "Links die is de Jünter Jrass.

Jut, det man den bessa kennt:

unser jroset Fußballass."

-"War dea nich mal President?"

-"Und die rechts is Eujen Roth..."

-"Der is ooch schon lange dood."

-"Die hieß mal nach eene Frau."

-"Justav, die hieß Rathenau."

-"Hinten is: Schumacherdamm.

Irjendwo noch Josef Kainz..."

-" Wat´n Jlück, det wir den ham:

Klassefahrer! Formel 1!"

-"Ist ja alles gut und schön.
Also: Wohin muß ich gehn?!"
-"Tjaa,- wir ham det ooch bald satt!
Wenn sich nischt jeändert hat:
zweete links, denn jradeaus
bis zu´t alte Waisenhaus,
dritte quer, denn rechta Hand
bis zur Kreuzung anner Brandt,-
nachher um de Ecke jehn...
Und denn wer´n Se weitasehn."
-"Scheint mir nicht besonders nah!"
-"Nee , - - wat suchen Se denn da?"
-"N´verstaubten, alten Saal.
Früher: Jettes Ball - Lokal."
-"Mein Jott, ham wir uns jeplaacht,-
wozu rejen wir uns uff!
Hätten Se det gleich jesaacht!
Uff die Straße - stehn Se druff"

EIGENTLICH

Eugens Schreibstil war nicht schlecht.
Doch da andre Zeiten kamen,
schrieb er Rechnungen statt Dramen.
Und so wurde er nicht Brecht.

Karin, längst blockiert vom Frust,
weil - so glaubt sie - unentdeckt
in ihr eine Monroe steckt,
hat zu keiner Arbeit Lust.

Paul sah sich als Einsteins Erben,
erbt jedoch Geschäft und Haus.
Deshalb wird nichts mehr daraus.
Unberühmt muß er mal sterben.

Elke, ohne solche Gaben,
wollte immer Kinder haben.
Zweie hat sie selbst bekommen,
zweie hat sie angenommen.
Zog sie auf, mit Schweiß und Spaß.
Und aus allen wurde was.

FORTFAHREN
(in Bennscher Richtung)

Wieder auf Reisen gegangen?
Lag in Santiago das Glück?
Hoffentlich nicht vergessen:
Sie mußten wieder zurück.

In den ärmeren Ländern
mal kurz den Boss gespielt?
Sich im Chaos der Cities
nicht mehr verlassen gefühlt?

Dort ein Andrer geworden?
War wohl auch nicht Ihr Zweck.
Wollten, soviel ich erkenne,
bloß von sich selber weg.

Klima? Beschissen gewesen.
Doch Sie warn immerhin da.
Daß Sie mitreden können
von Südamerika.

Sie werden älter, Sie hassen
nichts so wie: Resumée.
Sich einen Rausch zu verschaffen,
reicht noch Ihr Portmonee.

PIEFKES
NACHMITTAGSKLAGE
(Mit Musikbegleitung)

Keine großen Ideen.
Nicht die geringste Erhebung!
Wir leiden,
wir leiden
an der Banalität der Umgebung.

Wär nicht der Muff und der Mief,
wären wir produktiv.
Doch der erstickt
und der erdrückt
uns. Darum geht alles schief.

Keine Leute von Welt
und reden doch nur vom Geld!
Man paßt sich an,
so gut man kann.
Damit man Keinen verprellt.

Ist überhaupt diese Zeit
für etwas Großes bereit?
Sie ist zu schnell,
zu materiell.
Und das Feld ist zu weit.

Alles hat sich verschworn
gegen uns. Wir sind verlorn.

Oder auch nicht.
Was dafür spricht?
Man läßt uns meistens in Ruh.
Denn wir gehören dazu.

ENDLICH AUSSPANNEN!

Schluß mit der Stadt, dem Gestank, dem Geschrei!
Keine Lust mehr zu warten.
Wir feiern wieder draußen im Garten.
Nirgendwo fühlt man sich so frei!

Bomkes, in deren Pool wir oft baden,
müssen wir anstandshalber einladen.
Auch mit Miltschoreks ist alles klar:
Bei denen waren wir voriges Jahr.

Noch nicht auf gleich bin ich mit Hanno Schmidt.
Aber der bringt seine Mieze mit.
Und wenn ich da nur einmal hinschau,
ist gleich der Teufel los, mit meiner Frau.

Ein paar kleiner Vorteile wegen
dachte ich noch an zwei Kollegen.
Allerdings - ganz ist mir dabei nicht wohl.
Denn du trinkst ja viel Alkohol.

Rutscht dir ´ne kesse Vokabel raus,
nutzen die´s morgen früh gegen dich aus.
Schließlich würden die dir auch nichts schenken.

Na, und die Nachbarn? Da muß ich erst sehn...
Nachbarn bleiben, wenn Andere gehn.
                 Da ist so viel zu bedenken!

SEHSTÖRUNG

Unverhofft, durch seines Onkels Sterben,
traf den Neffen, Hinz, ein letzter Wille.
Dieser machte ihn allein zum Erben.

Hinzens erster Kauf war eine neue Brille.
Rosa. Bitteschön: nicht rot!
Mit ihr blickt man sanft durch jede Hülle.

Hinz erschaut jetzt: Alles ist im Lot.
Vorher fand er Vieles ungerecht:
Die Verteilung von Ressourcen, Macht, Land, Brot...

Nun erkennt er: Das war gar nicht schlecht.
Nur - es diente anderen Interessen.
Die sind wirtschaftlich, global und echt!

Noch Diverses hatte er vergessen:
Ein Mäzen ist mancher dicke Scheich.
Ist sein Konto da nicht angemessen?
Gab es nicht von jeher Arm und Reich?

Da entpuppt sich Hinz der Kern vom Pudel:
Sogar unter Gleichen war nie jeder Gleiche gleich.
Denn kein Wolf liebt je ein fremdes Rudel.

Und er sagt zu sich, mit tiefer Achtung:
"Alles eine Frage der Betrachtung."

AHNUNG

In meinem Lebenslauf steckt
ein tückischer Schneeballeffekt.

Als Krümel hatte ich Zeit.
Die Welt war mir rätselhaft weit.

Doch wie ich mich auswuchs zum Ball,
beschleunigte das meinen Fall.

Zuletzt rase ich, als Lawine,
bergab auf der kürzesten Schiene.

Spätestens dann wird mir klar,
daß es das bißchen schon war.

POTENTIELL

WARNUNG

Sag nicht, du seist arm.
Weil man dann, mit Ungeduld,
fragt. "Ist er nicht selber schuld?"
Niemand hält dich warm.

Klag nicht, du wärst krank.
Wenn du´s bist, bleib´s nicht zu lange.
Keiner hält dir sonst die Stange
oder weiß dir Dank.

Zeig nie, du bist schwach.
Manche werden drüber lachen.
Mit dir können sie es machen:
Jetzt gibt´s eins aufs Dach!

Stöhn nicht, du wirst alt.
Alle, die nicht rasten, ruhn,
haben viel mit sich zu tun.
Diese Welt ist kalt.

Und sie haben Grund genug,
sich von dir zu wenden.
Denn sie sehn - durch Rückbezug -
wie sie selbst mal enden.

PRÄZEDENZFÄLLE

Eva aß mit Adam die verbotene Frucht.
Doch zu Unheil wurde jeder Bissen,
denn sie teilten jetzt sein Herrschaftswissen,
deshalb traf sie Gottes Eifersucht.
Eva war dabei am schlimmsten dran,
wurde Adams Magd. Gott ist ein Mann.

Teamwork war der Turmkoloß von Babylum.
Daß der Mensch sich nicht zusammenrotte,
Konkurrenz zu machen seinem Gotte,
dreht der ihm das Wort im Munde um.
Wirr lief jeder weg, vergaß sein Ziel.
Bruchstück blieb das Bauwerk und verfiel.

Vater Abraham war etwas schlauer,
hob das Messer gegen seinen Sohn.
"Halt, mein Junge, das genügt mir schon!"
hörte da der vielerfahrene Bauer.
Vor ihm, in der Hecke, hing ein Schaf.
"Opfere dieses, - denn du warst ja brav!"

Zeig nie alles, was du weißt, dem Herrn!
Denn er sieht das offenbar nicht gern.

STATION 4: LETZTE ETAGE

Anstatt sich nützlichen Dingen zu weihn,
horchen sie dauernd in sich hinein.
Langsam wie Schnecken. Doch zwischendurch ruhn!
Haben die denn überhaupt nichts zu tun?

("Ich sehe immer die Gesundheitssendungen.
Jeden Mittwoch und Freitag, bevor ich meine
Tabletten einnehme. Die für die Nieren und das
Durchblutungsmittel. Dabei ist es nun doch die Hüfte.
Sie sehn die nicht? Danach sollte man sich aber richten!
Eh´s zu spät ist!")

Wollen nur nehmen und gar nichts geben.
Prahlen mit Leiden und nicht mit Leben.
Waren sie klug, ist es lange her.
Warum merkt man davon nichts mehr?

("Was glauben Sie denn, in wievielen Krankenhäusern
ich schon gelegen habe! Vor zehn Jahren wegen
der Blase, dann meine Schilddrüsenoperation,
vor zwei Jahren wegen der Darmfistel, die nicht
zurückgehen wollte. Und dann der Leistenbruch,
den hätte ich fast vergessen. Und jetzt das Knie!
Da können Sie doch gar nicht mitreden!")

Gehen sie, dann fast auf allen Vieren.
Kann dir das später vielleicht auch passieren?
Das kam doch nicht einfach so über Nacht!
Verdammt,- was haben die verkehrt gemacht?

("Und der hat soviel getan, sag ich Ihnen!
Morgens vorm Frühstück geturnt und abends,
nach Dienstschluß, geschwommen. Egal, wie
das Wetter war. Ich hab oft zu meinem Mann
gesagt: Der macht sich noch kaputt!
Na, nun ist er gestorben, - am Krebs!")

Schadensbegrenzung - wen freut das schon!
Nicht mal einfache Reproduktion.
Notdürftig wiederhergestellt.
Die erobern nicht mehr die Welt!

("Was kauen Sie denn da: Radieschen?! Sowas
würde ich nie vertragen! Ich esse abends nur eine
Schnitte, mit Kräuterpaste. Und nie nach fünf. Sonst
liegt das schwer im Magen. Nehmen Sie auch immer
"Wiesen- Joghurt",- mit Kirschen? Der führt ab und
belastet nicht so. Nein, Milch nie -. Sie haben keinen
Zucker? Woher wissen Sie das so genau!")

Obgleich dich der Inhalt der Betten verwirrt:
Du hast dich nur kurzzeitig hierher verirrt!
Für dich brennt am Ende des Tunnels noch Licht!

Alle müssen sterben. Du nicht!

DREAM AND REALITY

Hempels wünschen sich ein Haus,
denn sie wolln ins Grüne raus.
Mit viel Sparsamkeit und Kraft
wird der Bau geschafft.
Erst ist´s wunderbar und dann -
Alltag. Man gewöhnt sich dran.

Michael treibt Leistungssport,
Tag für Tag, in einem fort.
Er trainiert sich radikal
und - kriegt den Pokal.
Doch was die Begeisterung dämpft:
war der nicht zu schwer erkämpft?

Endlich hat Yvonne bekommen,
den sie längst aufs Korn genommen.
War der Mann je fotogen?
Sie sah ihn sich schön.
Jetzt sieht sie ihn aus der Nähe.
Und aus Leidenschaft wird - Ehe.

Leo rackerte sehr viel
und erreicht sein Jugendziel:
Eine eigene Firmengruppe.
Aber in der Suppe
schwimmt ein langes, graues Haar.
Er ist nicht mehr, der er war.

Andres zeigt das Tageslicht
als der Traum im Kopf:
Einmal paßt der Deckel nicht
und dann nicht der Topf.

IMMER LANGSAM!

Der Suizid ist ein Problem der Zeit,
von Tagen, Stunden, manchmal von Minuten.
Du mußt dich mit dem Drogencocktail sputen,
sonst ist´s zu spät,-
du bist nicht mehr bereit.

Wenn einer käme, sagte "Guten Morgen!"
und schimpfte übers Wetter, auf den Sohn...
Ich glaube, solcher Quark genügte schon,
für diesmal die Tabletten zu entsorgen.

Romeo nahm Gift und Julia das Messer.
Durch einen Irrtum brachten die sich um.
Was nicht nur tragisch war. Es war auch dumm.
Noch zehn Minuten - und sie wußten´s besser!

Wer Schluß macht, übersieht oft nicht die Lage.
Bring dich nie gleich um! Warte ein paar Tage!

VORGESEHEN!

Ich muß DICH wirklich loben, -
wer DU auch immer seist:
Die Boeings blieben oben,
so oft ich auch verrrreist.
Mein Intercity sauste
störfrei bis Eisenach.
Wie der Orkan auch hauste -
stabil blieb unser Dach.

Ich wich, durch gutes Training,
den Geisterfahrern aus.
Trotz Glatteis, Aquaplaning,
kam ich doch heil nach Haus.
Starb nicht am Gelben Fieber,
an Hepatitis - A
und nahm die Spritze lieber
schon vor Malaysia.

Ich habe keinen Schimmer,
wie DU das alles zwingst
und die Probleme immer
noch in die Reihe bringst.

DU bist doch Weltenlenker,
Vorsehung, Allah, Gott!
Guckt ein globaler Denker
auf jeden Klecks im Pot?

Wie kannst DU das verkraften?
Hast DU viel Personal?
Aus allen Wissenschaften?

Hab´ ich DICH jetzt ertappt?!

Läßt DU, vielleicht, fürs Happyend
den, der die Sache gründlich kennt,
den Auftragnehmer, haften?

Na, schließlich auch egal.
Hauptsache ist: Es klappt!

MONOLOG DES ALTEN MANNES

Noch mit Fünfzig wollt ich was erreichen
und mit Sechzig wenigstens die alten Neider reizen.
Denen, dacht ich, willst du´s nochmal geben!
Doch mit Siebzig sah ich ein: Wozu sich spreizen,
denn die sind ja gar nicht mehr am Leben!
Plötzlich war mir klar: Das kannst du streichen.

Auch die vielen Freunde sind jetzt stumm.
Tja,- was lohnt sich, ohne Publikum?
Lina, deren Stimme so verraucht,
ist schon vor zehn Jahren abgetaucht.
Zieht´s mich mal zu Einer hin, im Fall des Falles,
denk ich gleich: Es wiederholt sich alles.

Manchmal finden mich ganz Junge interessant.
Falten machen, sagen die, markant.
Doch die Mittleren sehn mich nicht an.
Weil sie spürn: sie sind als Nächste dran.
Wo die jetzt noch rennen und sich quälen,
kann man mir schon längst nichts mehr erzählen.

Gern erfahr ich was von fremden Ländern
übers Fernsehn: Tibet, Japan. Oder auch den Balearen.
Dahin kann ich heute nicht mehr fahren.

Sicher find ich schlecht, was jetzt die Menschheit tut:
Meer vergiften, Luft verschmutzen..., diese Sachen.
Und in Afrika Millionen Kinder krank.

Aber ich kann daran sowieso nichts ändern.
Ich schon gar nicht! Solln die Andern machen!
Was dann kommt, erleb ich nicht mehr. Gott sei Dank!

Meine Rente reicht, für ihren Zweck:
Miete, Heizung, Gas und Wasser, Licht...
Eisbein, Zigaretten, Alkohol vertrag ich nicht,
und im Dunkeln geh ich nicht mehr weg.

Was du einmal warst, ist einerlei.
Nur die Gegenwart fällt ins Gewicht.
Was du mal besessen hast, das tröstet nicht,
ist es mit der Zukunft erst vorbei.

Manche sind berühmt, bis übers Grab.
Daß ich´s nicht bin, macht mir wenig aus.
Weil ich, tot, ja nichts mehr davon hab.
Läuft´s am Schluß nicht auf dasselbe raus?

FÜNF FRAGEN AN PROFESSOR SENKBLEI

-"Herr Professor, gestatten Sie, daß ich,
gleich zu Beginn des Gesprächs,
meine Hauptfrage an Sie richte:
Lernt der Mensch, Ihrer Ansicht nach,
irgendetwas aus der Geschichte?"
-"Nunn,- Ihre Frage ist zu pauschal.
Unterstellen wir mal,
daß er von Geschichte was wüßte.
Falls er sich überhaupt mit ihr befaßt,
sucht er sich davon aus, was ihm paßt."
-"Wie ein Kind vor den Legosteinen...?"
-"Wie meinen? Ähja, ein gutes Bild.
Steinchen aus einer Spielzeugkiste."
-"Zum ixbeliebigen Gebrauch,
in allen Farben: schwarz, himmelblau...?"
-"Ähja, natürlich. Rot auch."

- "Was sagen Sie, als Experte,
zu der ungemein harten Kritik
an der jüngsten Vergangenheit?
Kann es sein, daß der Blick zurück
grau ist - oder war es die Zeit?"
-"Die schärfsten Kritiker der Elche
waren früher selber welche,
wie mein geschätzter Kollege Bernstein
einmal passend bemerkte.
Doch unsere Form von gelebter Zeit
verdrängt auch wirksam Vergangenheit.

Immer präsent, auf dem Sprung, auf der Lauer
empfiehlt sich keine Bindung auf Dauer.
Anhänglichkeit plus Erfolg, - Jeder weiß es:
die Quadratur des Kreises."

-"Sie, Herr Professor, als Soziologen,
müßte es doch betroffen machen,
daß die modernen Designerdrogen,
neben älteren Sachen, wie Schnaps,
Marihuana und Nikotin,
immer mehr junge Leute anziehn."
-"Es handelt sich seit ein paar Jahren um diese -
äh, wie sagt man da - Wertekrise.
Die großen Theorien und Systeme
liegen derzeit im Kollaps.
Wir haben, kurz gesagt, wie noch nie
eine exorbitante Art
der Verdrängung von Gegenwart
zugunsten wuchernder Phantasie."
-"Ist das aber nicht sehr fatal?"
-"Äh, wie meinen? Ich bitte Sie,
das ist völlig normal!"
-"Wie man den Menschen von heute kennt,
will er vor allem Eins, sein 'Event':
Massenansturm im Erlebnispark!"
"Nunn,- die Vereinzelung ist trotzdem stark.
Jeder fällt auf sich selbst zurück."
-"Jeder sein Raver, Jedem seinen Kick?"
-"Trotz permanenter Krawalle:
Keine Botschaft für Alle!"

-"Kommt da ein asoziales Geschlecht?"
-"Aber junger Mann, sein Sie gerecht!
In unserm Teil der Welt
ist man von allen Seiten umstellt.
Multimedia und Einkaufserlebnis,
Reisen, Sport, Hobbies, mit dem Ergebnis:
Leben wie im Exzeß.
Freizeitgesellschaft heißt Dauerstress.
Nach dem zermürbenden Jagen und Rennen,
sollte man Jedem Einsamkeit gönnen."

- "In diesem Fall, Herr Professor, wage
ich eine Zusatzfrage:
Betrifft das nicht nur wohlhabende Kreise?"
-"In keiner Weise. Mitnichten.
Der Durchschnittsmensch ist
heute längst in der Lage,
dafür auf Notwendiges zu verzichten."

-"Herr Professor, wir haben bis jetzt
ein bedeutendes Thema vermieden:
Was sagt die Wissenschaft zu den wachsenden
sozialen Unterschieden?
Kann man durch Wissen nicht manches lindern?"
-"Leider muß ich Sie korrigieren:
Wissenschaft soll nicht Krisen verhindern,
sondern sie formulieren!
Wenn der Experte die Dinge so sieht,
folgt doch daraus nicht, daß etwas geschieht!"

"Ihre Ausführungen, Herr Professor,
Ihre originelle Sicht,
zeigten uns Vieles in neuem Licht.
Ganz besonders die menschlichen Schranken.
Dafür möchten wir uns bedanken!"

SENSUELL
(Liebe durch das Jahr)

HAHNENSCHREI

Der Schnee schmilzt weg, der Krokus blüht.
Ganz leise zieht durch sein Gemüt
die Ahnung eines tollen Lebens.
Er will hinaus! Jedoch - vergebens.

Das Auge tränt, die Seele friert,
weil er auf tote Zahlen stiert.
Sein Monitor ist seine Fessel.
Die hält ihn auf dem Schreibtischsessel.

Er futtert, trinkt, allein, zu zweit,
aus unterdrückter Sinnlichkeit,
beneidet jeden Forstarbeiter,
Bergsteiger, Grobschmied undsoweiter.

Er macht sich high und macht sich fit
mit Kaffee, Spalt und Summavit,
als gälte es, mit diesen Nerven
den Kontinent zu unterwerfen!

Er möchte gern aufs Ganze gehn!
Fragt sich nur: wie, wo und durch wen?

Er hört das Lustgeschrei von Staren,
die sich vorm offenen Fenster paaren.
Doch seine Ziffern und Datein,
die wollen eingeordnet sein.

Er sitzt. Die Füße werden kalt,
das Rückgrat krumm. Das Herz wird alt.
Der Kreislauf, die Verdauung stockt,
wie er auf Polstersesseln hockt:

Er muß den Preis des Fortschritts zahlen,
mit Muskelschwund und Nervenqualen.

Zu guter Letzt, nach all der Pein,
steigt er ins eigene Auto ein
und stöhnt, erschöpft, beim Abendessen:
"Heut hab ich wieder mal gesessen!"

EMANZÉRO
(Für Solo ohne Begleitung)

Der erste Frühlingsvogel singt.
Jetzt fängt es wieder an.
Wie das durch Herz und Hüften dringt!
Und diesmal - ohne Mann.

Es wuchern Wunsch und Phantasie,
kaum Februar vorbei,
in diesem Jahr so wie noch nie.
Wie wird das erst im Mai!

Bist du denn wirklich ganz allein?
Gibt´s Keinen, der dich mag?

Es muß ja nicht der Wirrkopf sein,
den du bisher vermieden.
Der schimpft und jammert jeden Tag
und ist dreimal geschieden.

Auch nicht der alte Kavalier,
mit seinen Silberfäden.
Der ist zwar ritterlich zu dir,
doch bleibt es dann beim Reden.

Der Firmenchef von nebenan
kennt sicher viele Länder.
Nur ist der Karrieremann
im Regelfall ein Blender.

Wär noch: Der Bursch vom Baugerüst.
Den hast du übersehen.
Der weiß vielleicht, was Liebe ist.
Da könnte was geschehen!

Der träumt den ungeheuren Traum
- wie du - dem nichts entspricht.
Und unterm blühenden Apfelbaum
geschieht es wieder - nicht.

ZUGREIFEN!

Der Mai ist eine schreckliche Versuchung,
weil er so unanständig viel verspricht.
Er ist wie eine fehlerhafte Buchung.
Die zeigt Vermögen. Doch das gibt es nicht.

Er ist mal lockend warm, mal naß und kalt,
in jeder Hinsicht ohne Disziplin.
Er holt dich aus der Stadt an See und Wald
und duftet, daß dir weich wird, in den Knien,
weckt, wo er auftaucht, Sehn- und andere süchte
und produziert dann - Blüten. Keine Früchte.
Ein leichter Vogel, buntgekleidet, schön.

Laß ihn nicht ungeliebt vorübergehn!
Vielleicht die letzte der Gelegenheiten!
In Kürze gibt es kaum noch Jahreszeiten.

SOMMERNACHT

Wenn die kleinen Krümelsterne
an der Himmelsglocke stehn,
werde ich nur allzu gerne
eng umschlungen mit dir gehn.

Über allem thront
dann ein Riesenmond,
und wir reiben unsre Wangen,
liebster Robert oder Kai,
aneinander voll Verlangen.
Wäre das doch nie vorbei!

In die Kieferngruppe
saust schon eine Schnuppe,
wie wir, Brust an Brust gedrückt,
Daniel, du meine Liebe,
längst der Tageswelt entrückt,
schwörn, daß es so ewig bliebe.

Und ein Satellit
blinkt im Rhythmus mit,
wenn wir, Bein in Bein verschränkt,
heftig zueinander streben,
hemmungslos, von Glut versengt,
Martin, Einziger, mein Leben!

BUSHALTESTELLE, AUGUST

Die Luft ist weich und schwül.
Die Leute warten, stehn.
Milchig der Abendschein.
Und das Gefühl:
Es müßte was geschehn!

Und einer wandert auf und ab
Und schaut mich an.
Geht lange hin und her
Und hält in meiner Nähe...

Doch ich: tu blind,
Als ob ich es nicht sähe.

War das kein Irrtum?
Meint der wirklich mich?
Wo manche doch viel schöner sind
Als ich.
Das Mustern, Stocken
Und die ganze Mache.
Hat der das immer drauf,
Bei jeder Frau?
Ist das nur Stimmungssache?
Was will der,
Ganz genau?
Wie alt ist dieser Mann?

Da steigt er ein, der Bus fährt los.
Vorbei!
Ein Glück verschenkt, aufs Neue!
Hat er gelächelt?
War er blond und groß?
Ich hab nicht hingeschaut!
Der Rest ist Reue.

SEPTEMBER

In gerafften Silberschnüren
zittern erste goldene Blätter.
Und ein blaßblau seidenes Wetter
will dich krisenhaft verführen.

Mittagshitze, reifer Wein.
Äpfel fallen in die Stille.
Sinnlichkeit und süße Fülle...
Schlimmer kann kein Frühling sein!

Doch mit stummer Abschiedsklage
(die dich warnt: Noch ist es Zeit.
Nutze die Gelegenheit!)
kürzen sich die milden Tage.

Und du spürst, bei diesem Bild
(längst entschwunden und vergessen
alles, was du je besessen):
Sehnsucht, ewig unerfüllt!

STADTWINTER

Was mal der Himmel war, bleibt wochenlang geschlossen,
hängt tief, bleischwer und unverändert grau
auf Autostraßen, Flüssen, Dachgeschossen.
Gab´s sowas früher auch? Ist das der Klima- Gau?

Es war noch gar nicht hell, da dunkelt´s schon.
Die Leute schleichen müde zu Geschäften,
mit leerem Blick und roten Augenrändern.
Zermürbt von fünfundzwanzig Fernsehsendern,
per Satellit, sind sie nicht ganz bei Kräften.
Man trifft sich fast nur noch im Telefon.

Wer ohne Arbeit ist, kriecht schon bei Tag ins Bett.
Die Liebe geht - wenn überhaupt - in Filzpantoffeln.
Wer hat und kann, schlüpft gleich ins Internet.
Aus Wärmegründen mampfen schlanke Fraun Kartoffeln.

Ein Mediziner nimmt die Leute auf die Schippe:
Er impft sie. Und dann kommt ´ne andere Grippe.

GESCHENKT!

Also, ich weiß nicht, wie Sie drüber denken:
Weihnachten sollte man sich glatt schenken.
Ich in der Küche und er - sieht fern.
Das hab ich gern!

Andrerseits - was würd ich von ihm erfahren,
das ich nicht wüßte, nach all den Jahren?

Ist doch eigentlich schade ums Geld.
Erst der Stress, das Gerenne...
So viel gekauft und dann zu viel verzehrt.
Wirst ja nur dick davon, kriegst Migräne,
mindestens schlechte Zähne.
Jedesmal sag ich mir: du lebst verkehrt.
Warum tu ich das,- wo ich´s ja kenne?

Wären wir boß verreist!
Das tun die Broses meist.
Die sehn was von der Welt.

Aber die Wünsche vorher, diese Karten!
Man könnte sonstwas erwarten.

Und Überraschungen? Gibt es ja nicht,
wenn man die Käufe seit Wochen bespricht.
"Fest der Liebe". Daß ich nicht lache!
Und was ist daran "froh"?

So wie früher müßte es sein.
Da warn die Kinder klein.

Jedes Jahr sag ich, daß ich´s nicht mehr mache.
Und dann wird´s wieder so.

(Und was sonst noch war)

SCHAUM!

Die Dichter und die Denker
hol allesamt der Henker!
Ihr schauerliches Wühlen
in Selbst- und Fremdgefühlen
reicht knapp für Drama und Gedicht.
Zum Wesentlichen nicht.

Wer möchte denn, wie Frau von Stein,
nur in der Warteschleife sein,
das Hauptgericht so vor sich sehn
und hungrig in die Klappe gehn,-
bloß, um etwas zu gelten?
Ein Hund, der bellt, beißt selten.

Und jener flotte Feine
-ihr wißt schon, wen ich meine-
der kriegte auch recht zeitig mit:
Ein Dichter braucht ein Defizit.
Wo wäre der geblieben
ohne enttäuschte Lieben?
Aus Mangel kam er nieder
mit seinem "Buch der Lieder".

Als junger Mann zurückgesetzt,
in seinem Ehrgefühl verletzt,
schloß B.B. - möcht ich schwören:
Solln sich die Fraun erklären,
Distanz macht attraktiv.
Man weiß ja, wie das lief!

Ich warne jedes Vollbutweib
vor dem intimen Zeitvertreib
mit Männern, die viel denken,
anstatt sich zu verschenken!

Sie sind nicht mal Verräter.
Nur Denker.
Keine Täter.

TROST

Ach, Barbara, mein gutes Kind,
du weißt nicht, wie die Männer sind:
Verletzlich!

Für deine Liebe ist kein Lohn.
Er nimmt dich her und rennt davon.
So plötzlich.

Er hat ja noch ´ne andre Frau.
Die pflegt und kennt ihn ganz genau.
Gesetzlich!

Der Ehestand ist ihm bequem,
ein warmes Nest mehr angenehm
als scheiden.

Und jene schluchzt, weil er dich liebt
und du, weil es die Andre gibt.
Welch Leiden!

Oh, Barbara, sei Realist
und nimm die Sache, wie sie ist.
Mit Beiden!

SONETT

Lauf mir nicht nach! Bleib fremd, in dich gekehrt,
zeig mir die kalte Schulter! Widerstand
setzt mich in Feuer, außer Rand und Band,
und was ich leicht krieg, ist mir gar nichs wert.

Sei mit dir geizig, tu zerstreut, erschöpft,
als hättst du Diamanten abgegeben.
Laß mich in Furcht und Ungewißheit schweben.
Es macht mich wild, bist du so zugeknöpft.

Damit kannst du mich auf die Palme bringen.
Und die Entfernung, die uns beide trennte,
erweckt in mir die herrlichsten Talente.

Von oben treibt's mich zu den schönsten Dingen.
Die würd ich mit dir tun, bis ich dich hätt.
Drum sträub dich, bitte!
                    Sei so nett!

MARGARETS NACHTGEBET

Meine Ruh ist hin,
Mein Herz ist schwer;
Ich halte ihn nimmer
Und nimmermehr.

Mein Fehler geht
Mir nicht aus dem Sinn:
Ich habe verraten,
Wie clever ich bin.

Zwei daumenbreit größer
Und dazu gescheit.
Ach, ahnt ich´s nicht immer:
Das geht zu weit!

Meine Ruh ist hin,
Mein Herz ist schwer;
Jetzt bleibt er mir nimmer
Und nimmermehr.

Bin doch nur ein harmlos
Gebildetes Weib!
Studierte gewiß nur
Zum Zeitvertreib!

Und daß er nichts wußte
Und kannte von allem,
Gerade das hat mir
An ihm gefallen.

So stark, so gesund,
So direkt und naiv,
War er ja das Wesen,
Nach dem mein Herz rief.

Doch nun ist er fort,
Ich seh ihn nicht mehr.
Du lieber Gott,
Schaff ihn wieder her!

Daß ich ihn verliere,
Es darf nicht sein!
Drum mach mich ahnungslos,
Dümmlich und klein!

RONDO

So alleine, so verlassen.
So den Richtigen verpassen
und mich doch vor Andern fassen!
Aber danach nicht zu schämen,
einen, der mich mag, zu nehmen.
Denn das ist, seh ich es recht,
andrerseits nicht gar so schlecht.
Muß ich mich jetzt dafür hassen?
Wo ich nachts doch heimlich weine,
weil ich Andern glücklich scheine,
so verlassen, so alleine.

REDE NICHT!
(Lohengrins Vermächtnis)

Wer holt mir jetzt den Traum zurück!
Ach, hättest du geschwiegen!
Wir würden uns, mit heißem Glück,
noch in den Armen liegen.

Was bringen Beichte und Bericht
den Liebestollen schon!
Sie wolln die triste Wahrheit nicht.
Sie brauchen Illusion.

Nun lernte ich den, der du bist -
den Mann wie jeden - kennen.
Kein sichrer Weg zur Trennung ist,
als alles zu benennen.

LOB DER KLEINEN MÄNNER

Nicht ausgewalzt und verdünnt und gestreckt.
Nicht krampfhaft gegen die Decke gereckt.
Nicht Himbeerwasser, sondern- extrakt.
Anders gesagt: Kompakt!

Nicht ungelenk wie ein Elefant.
Geschliffen, wie eine Feder gespannt.
Und nie gekrümmt vom Bücken.
Also: Gerader Rücken!

Nicht mit dem Kopf in den Wolken verschwunden.
Feldherr oder Schmied: immer erdverbunden.
Eigentlich wäre des Lobes kein Ende...
Nur schnell noch eins: Warme Hände!

AN EINEN HALBGOTT I. R.

Erprob an mir nicht deinen tiefen Blick
und sag nicht das intime Schmeichelwort
von einst. Leg nicht die Hand in mein Genick!
Die du gekannt hast, ist längst fort.

Du warst mir einmal fürchterlich vertraut.
Ich wäre damals fast an dir gestorben.
Doch über Wunden wuchs mir harte Haut.
Du hast die schöne Liebe ganz verdorben.

Was groß war, hast du künstlich klein gemacht.
Du kamst und gingst und niemals ohne Uhr.
Und jedesmal verwischtest du die Spur.
Für uns gab es nur Tage, keine Nacht.

Du schwanktest - bis die Leidenschaft verebbt.
Ich paßte einfach nicht in dein Konzept.

Ging es nicht auf? Fängt alles wieder an?
Bist du so sicher, daß ich dich noch will?
Du warst mein Lover, aber nicht mein Mann.
Steht deine Uhr jetzt still?

Nie hätte ich gedacht, daß es das gibt:
Ich hab mich an dir gründlich überliebt.

VERLOCKUNG
(In Heines Manier)

Mein blonder Schüler drängt sich
nach neuem Unterricht
und wendet, dabei errötend,
sein schmales Jesusgesicht.

Wir lesen und analysieren
-nach Regeln der Dramaturgie-
Verwirrung und Verwicklung,
mit seltsamer Telepathie.

Studieren Verrat und Verlangen
bei Troilus und Cressida
und wie Antonius verfallen
der Herrin Cleopatra.

Die meisterhafte Gestaltung
von Mortimers Liebesglut,
der Mary Stuart umschlungen
mit leidenschaftlicher Wut.

Und wie wir angekommen
im übernächsten Stück,
bei Penthesileas Verhängnis,
da trifft mich ein brennender Blick.

Doch kaum, daß er meinen gefunden,
fällt schon eine Locke hinein,
die mir verlegen geheimnist:
"Ich will erobert sein!"

VORBEI!
(In memoriam Erich Kästner)

Der Ober schaut schon vorwurfsvoll zu ihnen.
Seit zwölf Uhr essen sie den ersten Gang.
Er braucht den Tisch und möchte schnell bedienen.
Die Pausen im Gespräch sind quälend lang.

Sie glaubte erst, er wolle nur nicht klagen
und bliebe deshalb bloß bei "Ja" und "Nein".
Doch nun begreift sie: er hat nichts zu sagen.
Und seine Trägheit schafft ihr Höllenpein.

Sie denkt an seine Werbung vor sechs Wochen,
den ungewohnten Handkuß und den Blick,
der Tiefe und Persönlichkeit versprochen.
Jetzt möchte sie nichts mehr davon zurück.

Sie war´s, die Leidenschaft für ihn empfunden.
Nun wird ihr in der Rückschau bitter klar,
daß er bei dem, was scheinbar sie verbunden,
das Echo ihrer Monologe war.

Ein Fremder sitzt am Tisch, an ihrer Seite,
den sie sich als den Nächsten vorgestellt.
In Wahrheit leer, war er für sie die Weite.
Ein selbst gemaltes Bild der eigenen Welt.

Sie hat kein Recht, ihn deshalb zu verdammen.
Sie ruft den Kellner, und sie zahlt für zwei.
Die grenzenlose Hoffnung schmilzt zusammen
zu einem kleinen, schweren Tropfen Blei.

LIED VON DER BRINGESCHULD
(Elfriede Jelinek zugeeignet)

Ich habe die große Liebe gesucht
und habe sie niemals bekommen.
Denn alle Männer, ob arm, ob betucht,
die haben von mir nur genommen.
Und wodurch kam es soweit?
Durch die übliche, die verdammte,
tägliche Herzlosigkeit.

Mein Erster war knackig und frisch.
Doch kriegte ich sehr schnell heraus:
Der steckt gern die Beine unter den Tisch.
Und da war´s bei mir gleich aus.
Der bediente sich also bloß!
Sowas von rücksichtslos!

Mein Zweiter war alt, fein und klug.
Bald hatte ich von ihm genug
und sah, mich zu opfern, auch jetzt keinen Grund.
Wie lang bliebe der noch gesund?
Er dachte also auch nur an sich.
Fürchterlich!

Dann teilte ich mit dem Dritten mein Leben,
der sollte mir endlich Zuwendung geben.
Doch er hatte seinen Aufstieg im Sinn.
Was glaubte denn der, wer ich bin?!
Da waren wir wieder so weit:
Die verfluchte Herzlosigkeit!

Der Nächste verlor seinen job
und griff immer öfter zur Flasche.
Was konnte der mir denn bieten?
Da dachte ich: Hände weg von solchen Nieten!
Die liegen einem nur auf der Tasche.
Der ist dein letzter Flop!
Sollte ich den etwa unterstützen?
Na, ich lasse mich doch nicht ausnützen!

Man sagt oft: besser sind Tiere zu leiden.
Die sind dankbarer und bescheiden.
Nur - das Theater mit einem Hund:
der bleibt ja nicht allein!
Also schon aus diesem Grund
darf´s nur ´ne Katze sein!

Die gibt mir, sind wir zu zweit,
vielleicht was wie Warmherzigkeit.

(GEM)EINSAMKEIT
oder
Aufforderung zum Telefonieren
(Textfassung für Gebildete)

Krankheit der heutigen Wesen: Fremdsein und Isolation,
an denen sie schwer genesen. Doch was besagt das schon!
Viele, statistisch zwar einsam, führen dich hinters Licht.
Nächtens sind sie oft gemeinsam. Nur sie bekennen es nicht.
Die dich mit Sprüchen umgarnen, scheinen verlassen und zahm.
Menschengeschlecht laß dich warnen:meistens sind sie polygam!

Einsam heißt auch nicht, allein auf dieser Erde zu sein.
Wer tagtäglich gemeinsam, kann dennoch einsam sein.
Umgekehrt: wer allein, ist oft nur einsam zum Schein.

Singles, so meine Meinung, werden zur Massenerscheinung.
Entschlössen sich diese Massen, sich bei Bedarf zu umfassen,
wären sie also nicht einsam oder müßten´s nicht sein
und falls gemeinsam einsam, wenigstens nicht allein.
Schließlich obliegt es ja ihnen, sich medial zu bedienen.
Wer nicht zur Einsicht gereift und das Problem so begreift,
wär besser gar nicht geboren!

...Ich hab den Faden verloren...

Eigentlich wollte ich sagen: schlägt dir der Frust auf den Magen,
fehlt dir die Frau / der Mann, warte nicht, rufe an

02/666!

JAGDZAUBER

Ich kriege *dich*,
das glaube mir!
Du wirst mir nicht entgehen.
Wenn du auch tausend Gründe nennst,
die dem entgegenstehen.

Es wird nicht heut
noch morgen sein.
Vergessen wir´s inzwischen.
Das Seil ist lang, an dem du läufst.
Du kannst mir nicht entwischen.

Ich tu derweil,
als gäb´s dich nicht
und leb mein andres Leben,
so Tag für Tag und Jahr um Jahr.
Mit einem Andern eben.

Doch sei gewiß:
ich werde *dich*
noch irgendwann bekommen!
Und an dem Tag machst du dir weiß,
du hättest *mich* genommen.

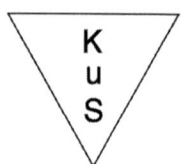

KURZ UND SCHNELL

GLOBETROTTER

Herr Müller starb gestern in Afrika.
Zu wem hat er da gewollt?
Zu Lehmanns. Die waren schon vor ihm da.
Zu Schulzes, die kurn in Nigeria,
zu Krauses, die tourn durch Namibia
und haben ihn überrollt.

WIEDERGEBURT

Kann es ein zweites Leben geben?
Und wenn - was wäre dabei?
Auch die Ameisen behaupten, sie glaubten,
sie hätten zwei.

VEREINT
(Vier Limericks zum Tage)

Einst trafen sich Poli und Tik.
Sie liebten sich im Augenblick.
Sein Rückgrat war krumm,
und sie fiel immer um.
So leben sie heut noch im Glück.

Der Mini ging mit dem Ster
vorm Parlament hin und her
und prägte die Sätze:
"Wir nehmen vier Plätze.
Dann bleibt der Saal nicht so leer."

Das Kroko meinte zum Dil:
"Es ist demokratischer Stil,
dich in meinem Magen
auf Händen zu tragen.
Denn dadurch erspar ich dir viel."

Der Philo - allein - fand sich doof.
Er engagierte den Soph.
Sie erklärten die Welt
und verdienten kein Geld
und schrumpften zum Apostroph.

BILANZ

Als Kunz sein Haus verließ,
- man übertrug es rück -
da hatte er, zu seinem Glück,
eine grundlegende Offenbarung:
sein neuer Reichtum bestand aus
Erfahrung.

"VIEL ZU FRÜH..."

stand im TAGBLATT zu lesen,
mit Palmzweig und schwarzen Rändern.

Starb da einer
zum falschen Termin?
Der Hochsommer schien
den Angehörigen schlecht zu passen.

Hat ihnen wohl den Urlaub verdorben.
Wär´ besser im November gestorben.

Nicht beizeiten drüber gesprochen?
Setzte er sich dagegen zur Wehr?
Ist der Kranke verwirrt gewesen?

Aber vielleicht hätte er
doch mit sich reden lassen.
Nun ist nichts mehr zu ändern.

Ans Wichtigste denkt man eben nie.

SCHLIMME NACHT

Spürst du den Rauch, hörst du das Gebrüll,
das dumpfe Schlagen der Bässe?
Zwischendurch ist es plötzlich still,
wie eine Totenmesse.

Aber kehliger wird nun das Johlen.
Fast so, als jagten sie einen Stier.
Sollte man nicht doch die Polizei holen?
Was ereignet sich hier?

Schlagen sie wehrlose Fußgänger nieder?
Nimmt draußen die Gewalt überhand?
Werden die ersten Autos verbrannt?

Nein. Es sind nur drei Männer beim Bier.
Dazu: ein Radio, ein Grill.
Und die trafen sich wieder.

GERECHTIGKEIT!

Und wenn dir auf den Kopf
daheim die Decke fällt,
ihr blafft euch an,
denk dies:

Ein einziger Mann
ist schließlich nicht die Welt.

Er kann dir nicht Ersatz
für London und Paris,
Madrid und Indien sein,
für Vater, Sohn und Schatz.
Alt-jung-dick-dünn-groß-klein.

Das zu verlangen, wäre ungerecht.
Als Einziger aber - ist er gar nicht schlecht!

ER UND SIE

-"Hat Ihr Rackern denn noch einen Zweck?
Andre sind schon vom Fenster weg!"
- "Wenn ich ein Mann wäre, fühlt ich mich bänger.
Ich bin eine Frau. Die halten sich länger."

EMPFEHLUNG

Tucholsky nachstreben,
heißt: Ärgernis geben.
Da lassens Viele.
Das isses eben.

Eugen Roth nachäffen,
heißt: niemanden treffen.
Drum schweigst du besser,
anstatt zu kläffen.

Kästner kopierten? Fatal.
Den liest man original.
Ringelnatz? In kleinen Dosen.
(Von wegen Spirituosen.)

Vielleicht - Gernhardt abschreiben?!
Auch das laß hübsch bleiben.
Der lebt noch und könnte
dich ratzbatz entleiben.

Wen darf, frage ich,
zuletzt, unterm Strich,
man überhaupt noch empfehlen?
                              Mich!

(auch bei Lebzeiten)

ZEITNOT

Kurz ist der Tag, gering die Ubersicht.
Du raffst mal ein Detail, doch nie das Ganze.
Drum faß auch ich mich kurz, schreib ein Gedicht
von lumpigen acht Zeilen. Eine Stanze,
die sagt: packst du die Welt am Kopfe nicht,
dann halte sie ganz einfach fest beim Schwanze.

Heut spielt das Leben schon im letzten Akte.
Und dicke Wälzer schreiben nur Beknackte.

N

A

NACHWORT

Nachwort

Die Reimwerkerin in der Zirkuskuppel

Die hier vorgestellten Gedichte entstanden in den letzten drei Jahren. Ihr Verfallsdatum ist noch nicht erreicht. Bedauerlich für die Gesellschaft, aber vorteilhaft für die Autorin.

Die ununterbrochene Präsenz der Verfasserin im "bürgerlichen Leben", als Hochschuldozentin für Dramaturgie, samt der in solchen Fällen tagtäglich stattfindenden Kommunikation zwischen Leuten verschiedenen Alters und Herkommens, die unterschiedliche Blickwinkel haben, erweist sich dabei rückschauend als Glücksfall.

Auch hatte die durch Berufstätigkeit bedingte Verzögerung bei der Fertigstellung des Bändchens - mit dem schnelleren Produktausstoß eines freien Poeten verglichen - die "Gnade der späten Geburt" der Gedichte, ganz nebenher ihr Gutes. Im jüngsten lyrischen Zeitstil haben sich Differenzierungen durchgesetzt. Oder doch wenigstens Toleranzen.

Die Zertrümmerungsphase, die Reim, Vers und Rhythmus unterschiedslos entsorgte, scheint endgültig vorbei. Wieder zu reimen, klare Rhythmen zu formen, gilt nicht mehr als anstößig, zeugt, sofern das Handwerk beherrscht wird, nicht mehr von Muffigkeit des Produkts oder Borniertheit seines Verfassers. Artistik auf diesem Gebiet wird wieder wahrgenommen, wenn nicht sogar erwartet. Die späte offizielle Würdigung der Arbeiten Robert Gernhardts beweist es. Die Geister haben sich geschieden. Hier die einen, die anderen da. Man läßt einander gelten.

Zu dieser Entwicklung hat, über Jahrzehnte hinweg, Peter Rühmkorf, als Dichter, Essayist und Lehrender, maßgeblich beigetragen. Ihm kann man nicht genug danken.

Die Autorin nimmt für ihre "mündigen Verse"(mündig im Sinn mund-gerechter Direktheit wie gebrochener Tabus) den Begriff "Gebrauchslyrik" in Anspruch, darin Erich Kästner folgend. Verstanden als bekömmliche Mischung von Ermunterung und Kritik, Widerspruch und Verständnis, Gefälligkeit und Abstand. Alltagserfahrung ist dafür die Grundlage, eigene so wie fremde. Einfühlung die Methode, die dem Schreibenden Anschaulichkeit, Plastizität ermöglicht und dem Lesenden Wiedererkennen. Streckenweises Identifizieren, sogar mit "miesen" Figuren und

Haltungen, um sie für den Leser besser einsehbar werden zu lassen. Der macht sich dann schon seinen "Reim".

Womit wir wieder beim Stichwort wären. Im Reim sehe ich den historisch letztmöglichen ästhetischen Ansatz, Sachverhalte - globale wie die des sogenannten Privatlebens - für den Augenblick "blitzartig" zu erhellen. Das in der Realität unüberschaubar Zerstreute wenigstens geistig zu bündeln. Die aus dem heutigen Blick geratene Kausalität (wenn... dann; weil... deshalb) wie im Spotlight aufscheinen zu lassen.

"Die Reimstrophe kann von den Mißverhältnissen der Gesellschaft nicht einfach absehen", schreibt Rühmkorf. Aber: "Was in erörternder Prosa letztlich unbeweisbar bleibt, klärt sich im Hinblick auf Praxis - die hier Poesie heißt - ziemlich leicht oder gewinnt doch den Anschein schöner Plausiblität".

Spiegelt der Reim eine Klarheit vor, die die Sache nicht hergibt? Er spiegelt das, was noch bündig sagbar ist. Und das ist immerhin noch eine Menge. Er spiegelt es "plausibel". Was soviel heißt wie: verständlich, einleuchtend, von jedermann zu begreifen. In der Gebrauchslyrik mehr als anderswo. Außerdem, so meine Überzeugung, könnte der harmonische Übereinklang wirklich gekonnten Reimens heute für Schreiber wie Leser/Zuhörer eine Art Anti- Chaos- Training sein, das ihnen, wenigstens für Momente, den Genuß spielerischen Beherrschens einer bekanntlich verwirrend diffusen, disharmonisch zerrissenen Welt verschafft. Und das wäre auch schon etwas.

Ein Gebrauchsgedicht darf seinen Leser nicht gelähmt zurücklassen. Sonst ist es nicht zu gebrauchen. Es sollte sein Publikum nicht durch zu komplizierte Formen ermüden und ihm weder die Lust am Leben noch am Weiterlesen nehmen. Seine Mitteilungsart ist darum nicht avantgardistisch, sondern geschult an der Tradition, wenn diese auch bisweilen durchbrechend, gegen den Strich bürstend, gelegentlich sogar erweiternd. Der eilige Leser von heute, und das ist die große Mehrheit, hat normalerweise nicht die Geduld, das vorgezogene Verb auf Zeile drei mehrmals aufzusuchen, um den Sinn von Zeile acht zu entschlüsseln.

Zweierlei wäre demnach zu fragen: Soll man auf diesen Leser verzichten? Und: Wäre der technische Fortschritt, den die avantgardistische Form brächte, die ja auch immer ein anderer Inhalt ist, wirklich so lebenseingreifend bedeutsam, daß der Verzicht sich lohnte? Denn Kunst ist - egal wie und wo - ja eben doch nur in Hinsicht auf Leben interessant. Zweimal Nein.

Im Schreibprozeß des Gebrauchspoeten ist sein Publikum ständig anwesend. "Der Reim ist etwas Geselliges", sagte Oskar Loerke. "Er wird freudig mit den Ohren gelöffelt", weiß Rühmkorf und beschreibt ihn als Spannungsträger, den Vorgang der Reimpaarung mit dem Agieren zweier Artisten in der Zirkuskuppel vergleichend. Einem Reimwort müsse der Leser oder Zuhörer entgegenwarten, ja entgegenbangen können, wie der Rückkehr des Artisten zum rettenden Trapez. Immer in Furcht, daß der es verfehle, aber dann endlich erlöst und entspannt, wenn es gefunden, gepackt ist, "wenn die zirzensischen Akteure sich im freien Raum verklammern."

Zugegeben: Zitate solcher Art nützen vor allem dem, der sie für sich reklamiert. Die Autorin der "mündigen Verse" hat von Beruf und Veranlagung her eine Neigung zum Drama und zum Aufbau von Spannungsbögen. Viele der hier abgedruckten Gedichte zeigen diese Verlaufsform: Vorgänge entwickeln sich, bis zu einem gewissen Punkt, kippen um in ihr Gegenteil, in Katastrophe, Groteske oder auch nur Pointe.

Tucholsky schrieb im Jahr Achtundzwanzig, daß Humor diskreditiere. Er wußte damals, wovon er sprach. Aber stimmt das heute noch so? Ich möchte lieber mit Eckhard Henscheid fragen, ob Lyrik heute überhaupt noch anders denn als komische bestehen kann. Jedenfalls insofern sie reimt.

Wir haben die reimende Unschuld verloren. Durch Überfütterung mit Reklame und Werbung, deren Träger sich wünschen, daß wir sie ernst nehmen. Durch den Soundtrack, der uns lebenslänglich aus den Medien begleitet. Und unser Tragödienbedarf ist auch so ziemlich gedeckt. Durch das Fernsehen, die Presse, die Videos und die Romanbestseller. Wem die modernen Stoffe nicht reichen, der sieht sich "Romeo und Julia" oder "Hamlet" im Kino an. Die Bündigkeit treffsicherer Reimerei fordert heute eher den Witz heraus, den Humor, die ironische Brechung, notfalls sogar den Zynismus. Wehmut ist kaum noch ihre Gemütslage. Mut schon!

Mit einem letzten Satz: Autor und Publikum wollen überleben, aber dabei oder eben deshalb keinem Streit aus dem Wege gehn.

W., am 12.12.2000   Brigitte Thurm